BEI GRIN MACHT SICH I...
WISSEN BEZAHLT

- Wir veröffentlichen Ihre Hausarbeit, Bachelor- und Masterarbeit
- Ihr eigenes eBook und Buch - weltweit in allen wichtigen Shops
- Verdienen Sie an jedem Verkauf

Jetzt bei www.GRIN.com hochladen und kostenlos publizieren

Karen Jost

Die Sprache der Stille

Eine Untersuchung zum Gebrauch der Stilmittel des Stummfilms im modernen Film

GRIN Verlag

Bibliografische Information der Deutschen Nationalbibliothek:

Die Deutsche Bibliothek verzeichnet diese Publikation in der Deutschen Nationalbibliografie; detaillierte bibliografische Daten sind im Internet über http://dnb.d-nb.de/ abrufbar.

Dieses Werk sowie alle darin enthaltenen einzelnen Beiträge und Abbildungen sind urheberrechtlich geschützt. Jede Verwertung, die nicht ausdrücklich vom Urheberrechtsschutz zugelassen ist, bedarf der vorherigen Zustimmung des Verlages. Das gilt insbesondere für Vervielfältigungen, Bearbeitungen, Übersetzungen, Mikroverfilmungen, Auswertungen durch Datenbanken und für die Einspeicherung und Verarbeitung in elektronische Systeme. Alle Rechte, auch die des auszugsweisen Nachdrucks, der fotomechanischen Wiedergabe (einschließlich Mikrokopie) sowie der Auswertung durch Datenbanken oder ähnliche Einrichtungen, vorbehalten.

Impressum:

Copyright © 2009 GRIN Verlag GmbH
Druck und Bindung: Books on Demand GmbH, Norderstedt Germany
ISBN: 978-3-640-42329-3

Dieses Buch bei GRIN:

http://www.grin.com/de/e-book/134411/die-sprache-der-stille

GRIN - Your knowledge has value

Der GRIN Verlag publiziert seit 1998 wissenschaftliche Arbeiten von Studenten, Hochschullehrern und anderen Akademikern als eBook und gedrucktes Buch. Die Verlagswebsite www.grin.com ist die ideale Plattform zur Veröffentlichung von Hausarbeiten, Abschlussarbeiten, wissenschaftlichen Aufsätzen, Dissertationen und Fachbüchern.

Besuchen Sie uns im Internet:

http://www.grin.com/

http://www.facebook.com/grincom

http://www.twitter.com/grin_com

Inhaltsverzeichnis

1	**Einleitung**	**2**
2	**Vom Stummfilm zum Tonfilm**	**3**
	2.1 Sprache und ihre Bedeutung im und für den Film	5
	2.2 Ausprägungen nonverbaler Kommunikation	9
	2.3 Definition „moderner Stummfilm"	12
3	**Filmbeispiel: Bin-Jip**	**13**
	3.1 Handlung	13
	3.2 Stilistische Mittel und Sprache im Film	14
	3.3 Verwendung vom Sprache im Filmbeispiel	16
4	**Fazit**	**18**
	Quellenverzeichnis	**21**

1 Einleitung

Seit mittlerweile mehr als einem Jahrhundert haben die Bilder sprichwörtlich das Laufen gelernt. Doch die Tage der euphorischen Begeisterung für ein auf der Leinwand galoppierendes Pferd gehören lange der Vergangenheit an. Mittlerweile hat sich die siebte Kunst weit von den Problemen der Anfangszeit entfernt und sich über die Jahre hinweg stetig neu erfunden. Machte der Film als Erzählform zu Beginn noch den Eindruck lediglich im Schatten des Theaters zu agieren, konnte er sich nach einiger Zeit aus dessen Schatten lösen und wurde als eigenständige Kunstrichtung anerkannt. Der Film entwickelte Stilmittel, die allein ihm vorbehalten blieben, und konnte dadurch Millionen von Menschen begeistern. Betrachtet man an dieser Stelle den historischen Verlauf der Filmgeschichte, verleitet es leicht dazu zu behaupten, dass, zu Beginn der Ära Film, der Stummfilm zu verzeichnen ist, aus welchem, mit fortschreitender Technik, der Tonfilm entstand. Doch verlief diese Entwicklung tatsächlich so gradlinig oder gab es, während der Entwicklung vom Stummfilm zum Tonfilm, Hürden, die nicht einzig von Seiten der Technik genommen werden mussten? Wirft man einen Blick auf Texte, welche über die Entwicklung des Kinos berichten, trifft man mindestens ebenso oft auf die Kritiker des Tonfilms, wie Rudolf Arnheim oder Béla Bálazs, wie auf positive Reaktionen. Dies verleitet zu der Frage, ob es tatsächlich Disziplinen gibt, in welchen der stumme Film dem vertonten überlegen sein könnte. Oder wurde der Stummfilm zu Recht nach dem Erscheinen des Tonfilms beinahe vollständig verdrängt? Was sind die Raffinessen des Genres Stummfilm und wie könnte eine zeitgerechte Produktion gestaltet sein? Diese Hausarbeit wird sich im allgemeinen mit dem Gebrauch der Stilmittel des Stummfilms in einer modernen Produktion auseinandersetzen. Im engeren Sinn wird sie sich mit dem Thema Sprache im Film beschäftigen. Es soll herausgefunden werden, was die Sprache, und in diesem Zusammenhang, die Entwicklung des Tonfilms, für eine Auswirkung auf den Betrachter des Mediums Film hat. Ebenso interessant wird es sein zu untersuchen, ob ein Wegfall der Dialoge sich Film ästhetisch auswirkt. Die Arbeit unterteilt sich in drei Abschnitte. Zu Beginn wird sie sich mit Sprache und Film im allgemeinen auseinandersetzen. Als Einstieg in die Thematik dient ein kurzer Überblick zur Entwicklung des Films. Der Fokus liegt hierbei im wesentlichen auf der Reflexion der Entwicklung vom Stumm- zum Tonfilm. Hiernach wird kurz darauf eingegangen, wann die Anfänge der Tonfilmgeschichte waren und inwiefern sich der Film als Solches seitdem veränderte. Daran anschließend folgt das Thema Sprache im Film im speziellen. Welche Bedeutung hat Sprache im Film und wie wird sie vom Publikum wahrgenommen? Des weiteren soll untersucht werden, inwiefern sich die Ästhetik eines Films mit dem Gebrauch von Sprache verändert und ob die Sprache als reine, wie von technologischer Seite gern behauptet, Bereicherung für das Medium gesehen werden kann. Anschließend folgt im zweiten Teil der Arbeit die konkrete Beschäftigung mit einem Filmbeispiel. Es handelt sich bei dem Filmbeispiel um „Bin-Jip-Leere Häuser" von Regisseur Kim Ki-duk. Ki-duk arbeitet in seinen Filmen mit, im Vergleich zu Mainstream Produktionen, außergewöhnlichen Stilmitteln. In all seinen veröffentlichten Werken wird Sprache sehr sparsam eingesetzt. Gleiches gilt für „Bin-Jip"; es handelt sich sozusagen um einen „modernen Stummfilm". Dieser Begriff wird in einem späteren Teil der Arbeit noch genauer erläutert und definiert. Im Anschluss an eine Einführung in die Handlung „Bin-Jips", werden die verschiedenen Stilmittel des Films herausgearbeitet und analysiert. Abschließend soll speziell darauf eingegangen werden, wie die „Stille" des Films auf den Betrachter wirkt und welche Gefühle durch sie hervorgerufen werden. Gleichzeitig wird es interessant sein zu betrachten, an welcher Stelle Sprache eingesetzt wurde und zu welchem Zweck. Am Ende der Arbeit folgt ein Fazit.

2   Vom Stummfilm zum Tonfilm

Sucht man nach den Anfängen des bewegten Bildes, wird an einigen Stellen bis auf das 17. Jahrhundert zurück verwiesen. Jedoch ist am Ende der Recherche klar, dass der wirkliche Beginn der Ära des Films auf das Jahr 1895 datiert werden kann. Am 1. November 1895 präsentierten die Brüder Skladanowsky die weltweit erste öffentliche Aufführung von einigen kurzen Filmen. Insgesamt hatte die in Berlin stattgefundene Vorstellung lediglich eine Länge von 15 Minuten, dieser Umstand tat der Faszination der Menschen jedoch keinen Abbruch. Beinahe zeitgleich zu den aus Berlin Pankow stammenden Brüdern Skladanowsky, entwickelten auch die in Frankreich geborenen Brüder Lumiére eine Methode, um einzelne Bilder in einen filmischen Ablauf zu bringen. Sie erfanden den Cinématographen (im deutschen: Kinematographen), welcher gleichzeitig als Aufnahme-, Wiedergabe- und Kopiergerät eingesetzt werden konnte. Die Brüder Lumiére hatten den ersten öffentlichen Auftritt mit dem Cinématographen am 28. Dezember 1895 in Paris. Da die Erfindung der beiden Franzosen vielseitiger und handlicher war, setzte sie sich zum einen durch und zum anderen ihren Siegeszug gegenüber der deutschen, Bioskop genannten Apparatur, in den folgenden Jahren fort.[1] Fanden zu Beginn lediglich vereinzelt filmische Aufführungen in

---

1   Leisen, Johannes (Hrsg.). Der Cinèmatograph. *35Millimeter: Texte zur internationalen Filmkunst.* http://www.35millimeter.de/filmgeschichte/frankreich/1895/der-cinematograph.42.htm (27.04.2009).
    Leisen, Johannes (Hrsg.). Erste Filmvorführung der Skladanowskys. *35Millimeter: Texte zur internationalen Filmkunst.* http://www.35millimeter.de/filmgeschichte/deutschland/1895/erste-

verschiedenen Varieté-Theatern in Europa statt, wurde im März 1897 bereits das erste feste Kino in Paris eröffnet. Kurz darauf, am 28 Dezember 1897 wurde der Film zum Industriezweig. Die Brüder Charles und Emile Pathé gründeten die Firma Cinema zur Produktion eigener Filme. Die Entwicklung von der Photographie zum bewegten Bild beschränkte sich jedoch keines Falls auf Frankreich und Deutschland. Ebenso experimentierten Erfinder Ende des 19. Jahrhunderts in Großbritannien und den USA mit Geräten zur Aufnahme und Wiedergabe bewegter Bilder. Schon sehr früh wurde von den Filmproduzenten nach einer Möglichkeit gesucht aufgenommene Filme mit Ton zu unterlegen. Hierzu sollten der Kinematograph, sowie der Phonograph miteinander kombiniert werden. Das erste Tonfilm-Experiment wurde am 30. April 1904 einem internationalen Publikum präsentiert. Eine Verbindung zwischen dem Filmprojektor und einem Grammophon bewerkstelligte, dass beide Geräte gleichzeitig in Gang gesetzt werden konnten und Bild und Ton relativ synchron zueinander liefen. Die Kombination der beiden Apparaturen setze sich jedoch nicht durch, da die mangelnde technische Qualität der Tonwiedergabe sich gegenüber dem lauten Knattern des Projektors kaum behaupten konnte. Ferner kam hinzu, dass den Zuschauern an, zwar „stummen", dafür aber raschen und aufregenden Bildern mehr gelegen war, als an filmischen Produktionen mit Dialogen, da diese zu dem damaligen Zeitpunkt noch eine statische Kamera erforderten und somit weit weniger „Aktion" beinhalteten. Ein weiterer Versuch die filmischen Bilder mit Ton zu unterlegen wurde im September 1922 in Berlin uraufgeführt. Der Film „Der Brandstifter" gilt als erster Spielfilm mit integrierter Lichttonspur. Der Tonfilm konnte sich jedoch auch zu diesem Zeitpunkt noch nicht durchsetzen. Es heißt, die Filmproduzenten lehnten ihn weniger aus technischen, als viel mehr aus künstlerischen Gründen ab und vertraten mehrheitlich die Meinung, dass der Stummfilm in seinen Ausdrucksmöglichkeiten dem Tonfilm in jeder Hinsicht überlegen sei. Erst am 6. Oktober 1927 und somit fast 32 Jahre nach der offiziellen „Stunde Null" der Filmgeschichte, beginnt der Tonfilm seinen endgültigen Siegeszug. Der von Warner Bros. Produzierte Film „Der Jazzsänger" lieferte mit einem 250 Worte umfassenden Monolog den ersten Sprechbeitrag und gleichzeitig einen weiteren Meilenstein der Filmgeschichte.[2] In den folgenden Jahren löste die neue Technik nach und nach die Alte ab. Die Zahl der Tonfilmkinos stieg rasant an, während die Anzahl der Stummfilmkinos schrumpfte. Das Publikum war letztendlich so begeistert, dass keine Firma an der neuen, aber extrem kostenintensiven Technik, vorbei kam. Der Tonfilm war nicht etwa eine weitere Option neben

---

filmvorfuehrung-der-skladanowskys.41.htm (27.04.2009).
2 Die historischen Daten des Abschnitts stammen aus: Beier/Kopka/Michatsch/(u.A.): Die Chronik des Films.

dem Stummfilm, sondern er ersetzte diesen rasch und vollständig. Was der Ton an positiven Neuerungen für Wochenschau, dokumentarische Werke und Nachrichten Sendungen mit sich brachte, begrenzte er jedoch bei dem Aspekt der Filmkunst. Aufgrund dessen, dass die Technik noch in den Kinderschuhen steckte, hatten Schauspieler und Regisseure beim drehen eines Tonfilms einen wesentlich geringeren künstlerischen Handlungsspielraum, als beim Dreh eines Stummfilms. So mussten beispielsweise die Schauspieler darauf achten, dass sie ihren Text ausschließlich in die Richtung sprachen, in jener sich das Mikrophon befand und die Regisseure waren gezwungen auf Schnitte und anspruchsvolle Montagetechnik zu verzichten, da vertonte Aufnahmen nachträglich nicht mehr bearbeitet werden konnten. Im Laufe der folgenden Jahre und Jahrzehnte entwickelte sich (und entwickelt sich fortlaufend) die Tontechnik weiter, wurde ausgefeilter und qualitativ immer hochwertiger, bis sie zu dem geworden ist, was wir gegenwärtig mit Dolby Digital bezeichnen. Die oben beschriebenen Probleme der zwanziger und dreißiger Jahre des vergangen Jahrhunderts gehören, unter Anderem durch neue Methoden der Vertonung bis hin zum kabellosen Mikrophon, der Vergangenheit an. Wie später zu sehen sein wird, haben Weiterentwicklungen und neue Verfahrensmethoden den Film nicht nur technisch vorangebracht, sondern das Medium selbst hat sich verändert.

Die Eckdaten der Entwicklung des Films, sowie im Speziellen, die der Entstehung des Tonfilms, sind nun bekannt. Es wurde bereits angesprochen, dass der Tonfilm nicht nur Begeisterung, sondern ebenfalls einige negative Kritiker auf den Plan rief. Weshalb es die schlechten Kritiken für den Ton gab, liegt, zumindest für die frühen Jahre des Films, auf der Hand. Die Schauspieler und Regisseure wurden durch die schlechte Vertonungstechnik stark eingeschränkt. Jedoch waren die technischen Defizite nicht der alleinige Grund für die negativ ausfallende Kritik, denn auch in den folgenden Jahren gab es Stimmen, die sich, zwar weniger gegen den Gebrauch von Ton als Stilmittel, sondern viel mehr gegen die Vorherrschaft von Dialogen in Filmen, aussprachen. Die Gründe und der Ursprung dieser Meinungen der Kritiker soll im folgenden Teil erörtert werden.

2.1 Sprache und ihre Bedeutung im und für den Film

Die frühen Filmaufführungen als stumm zu bezeichnen, ist im Grunde genommen paradox, denn stumm waren die Aufführungen nie. Es war in den Anfangsjahren des Films lediglich technisch nicht möglich eine synchrone Tonspur der Filmaufnahme zu erzeugen. Aus diesem Grunde griffen die Veranstalter der damaligen Zeit auf Orchester oder Filmerklärer zur

---

Gütersloh/München 1994, S.8ff.

akustischen Begleitung zurück. Das Orchester spielte, zum einen, um die lauten Geräusche der Projektoren zu übertönen, zum anderem, um das Gezeigte musikalisch zu unterlegen. Die Aufgabe des Filmerklärers bestand darin, das Publikum über die Handlung und die Dialoge des Film zu informieren.[3] Die Rolle des Kinobesuchers war in den Anfangsjahren des Kinos ebenso wenig mit der des heutigen Zuschauers zu vergleichen, wie das Medium Film selbst. Denn auch das Kinopublikum war alles andere als „stumm" und glich dem heutigen Zuschauer in seinem Verhalten nicht im geringsten. Das damalige Publikum war sehr präsent, es wurde spontan geklatscht, gelacht, mitgesungen, geflüstert oder gerufen.[4] Ferner ist es treffender, den Film selbst, wie es bereits von Michael Chion vorgeschlagen wurde, nicht als stumm, sondern vielmehr als „Taubfilm" zu bezeichnen, da die Schauspieler in den Filmen häufig kein „stummes Schauspiel" aufführten, sondern der Ton lediglich nicht gehört werden konnte.[5] Abgesehen von den externen Mitteln Filme kommunikativer zu machen, ihnen eine Melodie zu geben bzw. sie zu erklären, blieben sie doch aus technischer Sicht weiterhin tonlos. Um die Defizite der tonlosen Informationsübermittlung zu überwinden, bedienten sich die Regisseure u.A. der Methode der „übertriebenen Darstellung", welche jedoch schon früh in der Kritik stand:

Die althergebrachte Pantomime strebte danach, Ideen durch Bewegungen mitzuteilen, so als ob die Personen taub, und stumm wären. Zwar floss auch die natürliche Handlung des stummen Lichtspiels in die Entwicklung der Geschichte ein, doch einzelne Gedanken wurden durch unnatürliche Handbewegungen angedeutet. Wenn zum Beispiel ein Schauspieler dem anderen anzuzeigen wünschte, er wolle etwas trinken, so bildete er mit der Hand die Form eines Bechers nach, und er vollzog dann die Bewegung des Trinkens. Diese Art Pantomime sieht man immer noch zu häufig beim Spiel in Filmen, doch es gibt eine Tendenz, davon abzugehen. Dahinter steht der Gedanke, dass ein Film um so überzeugender auf die Zuschauer wirkt, je näher er dem wirklichen Leben zu sein scheint. Der moderne Regisseur von Rang wird nun die Pantomime so weit als möglich meiden und zum Beispiel den Wunsch zu trinken andeuten, indem er den Darsteller eine plausible Handlung ausführen lässt, welche dieses vermittelt.(...)[6]

---

3 Eine ausführliche Beschreibung des Arbeitsfeldes des Filmerklärers und speziell der Japanischen Kultur des Benshis findet sich in: Lewinsky, Marianne: Eine verrückte Seite. Stummfilmund filmische Avangarde in Japan, Zürich 1997, S. 107ff.
4 Vgl. Wahl, Chris: Das Sprechen des Spielfilms. Über die Auswirkungen von hörbaren Dialogen auf Produktion und Rezeption, Ästhetik und Internationalität der siebten Kunst. Trier 2005, S.5.
5 Ebd., S.3.
6 KINtop S. 37. Zitiert nach: Frank Woods, »Spectators Comments«, *New York Dramatic Mirror,* vol. 62 no. 1612, 13. 11. 1909, S. 15.

Die Entwicklung der synchronen Tonspur ließ der menschlichen Stimme erst in den dreißiger Jahren des vergangenen Jahrhunderts einen festen Platz im Film zukommen und öffnete zusätzlich die Tür zu einer neuen Ära. Durch die filmische Integration der Stimme wurde es dem Zuschauer erleichtert der Handlung im Film zu folgen. Es konnten viele Sequenzen eingespart werden, indem der Schauspieler sein Vorhaben wörtlich ausdrückte. Sagte er beispielsweise, „ich gehe jetzt meinen Sohn von der Schule abholen", waren alle Unklarheiten über sein Vorhaben beseitigt und der Film wurde in seinem Ablauf vorangebracht.

Des weiteren dient die Integration der Stimme gewissermaßen einer Vervollständigung des Schauspielers und verhilft diesem, zusätzlich zur optischen Präsenz, auch zu akustischer Anwesenheit im Kinosaal. In der menschlichen Entwicklungsgeschichte gilt die verbale Sprache, nicht unbegründet, als das erfolgreichste und wichtigste Kommunikationsmittel. Schon im Mutterleib nimmt ein Fötus die Stimme und die Sprachmelodie der Mutter wahr und kann ihre Stimme von Anderen unterscheiden. Zudem ist das Ungeborene in der Lage zu registrieren, welche Gefühle an die unterschiedlichen Tonlagen gekoppelt sind. Später werden bereits geringste Veränderungen der Stimmlage des Gesprächspartners wahrgenommen und helfen den Menschen die Stimmung anderer Personen genau zu deuten. Durch die Erfindung des Tonfilms und die damit verbundene Perzeption der verbalen Äußerungen, war der Schauspieler fort an nicht bloß visuell anwesend, sondern auch akustisch. Gefühle mussten nicht allein durch Gesten ausgedrückt werden, sondern konnten somit auch durch die Stimme des Schauspielers, und im Speziellen, durch dessen Tonlage verdeutlicht werden. Die visuelle, sowie auditive Präsenz, wirkt auf den Zuschauer vertraut, vollständig und abgerundet.

Offensichtlich kommen der Sprache im Film vielseitige und wichtige Aufgaben zu. Durch ihre narrative Funktion konnte die Handlung von Filmen komplexer und umfangreicher werden. Im Gegenzug wurde es möglich weniger interessante Handlungsverläufe lediglich sprachlich zu erwähnen und die dazugehörigen Sequenzen im Film auszusparen. Zudem brauchten sich die Schauspieler im Tonfilm nicht mehr auf pantomimische Formen der Darstellung reduzieren und konnten seitdem das Publikum verbal über innere Zustände und ähnliches informieren. Ferner wirkte ihr Auftritt, wie oben bereits erwähnt, durch die synchron laufende Tonspur und die daran gekoppelte visuelle und akustische Präsens, vollständiger bzw. realistischer auf die Zuschauer. Das Handlungen, sowie erzählerische

Strukturen in Form von Sprache, schneller, ohne Unterbrechung des filmischen Verlaufs[7] und für den Kino Besucher einfacher zu verstehen waren, lässt sich, aus den genannten Gründen, nur schwer widerlegen. Zudem schuf der Ton, und mit ihm die Sprache, neue Filmgenres, so dass sich beispielsweise das Musical oder die Operette erst durch Ton und Sprache voll entfalten konnten.[8]

Obwohl Sprache den Verlauf einer Filmaufführung an vielen Stellen stützt, Gesten unterstreicht oder das Spiel der Akteure abrunden kann, muss ihr Fehlen nicht zwingend mit einem Verlust gleichgesetzt werden. Wird ein Film in der Art gestaltet, dass er nicht auf die verschiedenen Formen der Handlungsvermittlung, wie Sprache, Filmerklärer, übertriebenes pantomimisches Schauspiel oder Zwischentitel zurückgreift, so zeigen sich die Raffinessen des Stummfilms. Heutzutage ist der Verzicht auf Sprache noch markanter, da es als echter Bruch mit dem konventionellen Verständnis von Film wahrgenommen wird. Gegenwärtig hätte ein Regisseur, wie Kim Ki-duk, zwar die Möglichkeiten sich in jeglicher Hinsicht auszudrücken, zieht es aber vor freiwillig auf den Gebrauch von sprachlicher Kommunikation zu verzichten. Stattdessen bekommen die Schauspieler die Instruktion sich auf ihre gestischen und mimischen Fähigkeiten zu beschränken. Durch diesen, nicht erzwungenen, sondern freiwilligen Verzicht auf den verbalen Ausdruck, wirkt die Darstellung des Schauspielers, sofern dieser sein Handwerk beherrscht, erneut sehr natürlich und abgerundet. Zudem wird die Ästhetik des Films dadurch gesteigert, dass der Fokus des Zuschauers durch dieses „stille Spiel" beinahe ausschließlich auf die Bilder gelenkt wird. Durch die veränderte Wahrnehmung wird dem Zuschauer in Erinnerung gerufen, dass das eigentliche Wesen der Filmkunst in der Ästhetik seiner Bilder liegt.

Denkt man in der heutigen Zeit jedoch an einen Stummfilm, entsteht in erster Linie die Vision von wild gestikulierenden Menschen mit weit aufgerissenen Augen und Mündern, sowie plakativen Make-up. Kommunikation, so die weit verbreitete Meinung, fand allein in Form von stummen Dialogen statt, die nachträglich zum Bild als kurze Texte eingeblendet werden, um dem Zuschauer die Nachvollziehbarkeit der Handlung zu gewährleisten. Diese Vorstellungen auf das gesamte Spektrum des frühen Stummfilms auszuweiten, wäre aber

---

7 Vgl. Scheunemann, Dietrich in: Goetsch/Scheunemann (Hrgs.): Text und Ton im Film. Tübingen 1997, S.12. Eine Unterbrechung der filmischen Kontinuität waren zu Stummfilmzeiten oftmals die eingeblendeten Zwischentitel. Diese sollten zwar auf der einen Seite gewährleisten, dass das Publikum bei länger andauernden Filmen deren Inhalt verstand, auf der anderen Seite unterbrachen die Zwischentitel jedoch die damals so geschätzte „perfekte Illusion" des Mediums.

8 Die Erfindung des Tonfilms brachte jedoch auch ökonomische Schwierigkeiten mit sich. Durch die sprachliche Kommunikation im Film war dieser zwar einerseits verständlicher, andererseits beschränkte er sich dabei ausschließlich auf den jeweiligen Sprachraum. Um Filme ebenfalls auf dem internationalen Markt zu verkaufen mussten diese sehr aufwendig nach vertont werden bzw. wurden einige Filme sogar mit

schlichtweg falsch. Denn bereits in den Anfangsjahren des 20 Jahrhunderts war eine Wendung hin zu völlig autarken Bildern zu spüren.

Viele Regisseure verzichteten vollständig auf übermäßige pantomimische Darstellungen der Schauspieler, sowie auf die Verwendung von Zwischentiteln. Es gab Filme, die ohne das übertriebene Minenspiel und die pantomimischen Einlagen auskamen. Schauspieler wie Asta Nielsen[9] fokussierten sich ganz darauf Gefühle und Handlungen durch Gesten und Mimik darzustellen, die nicht theatralisch und unnatürlich wirkten. Diese Art der Darstellung erzielt eine, wie bereits beschrieben, „abgerundete vollständige Wirkung" und wird ebenfalls von den Schauspielern im späteren Filmbeispiel angewendet.

2.2 Ausprägungen nonverbaler Kommunikation

„Ein Blick sagt mehr als 1000 Worte." Dieser Satz fand nicht nur in der Werbung Anwendung[10], auch in der Filmbranche leitet er in eine ganz bestimmte Richtung. Dieser Abschnitt konzentriert sich auf die Möglichkeiten der nonverbalen Übermittlung von Sprache.

Fehlen im Film die Worte, muss der Schauspieler sich auf seinen Körper besinnen und durch ihn zu den Zuschauern „sprechen" bzw. über ihn kommunizieren. Der Zuschauer des stummen Films muss den Körper des Schauspielers geradezu „entziffern". Es gibt verschiedene Möglichkeiten den Effekt der „Lesbarkeit" des Körpers zu erreichen.[11] Zum einen kann der Schauspieler sich am Theater orientieren und mit dessen übertriebenen Gesten und Bewegungen die Handlung des Films und seine eigenen Gefühle quasi „aufführen". Zum anderen kann der Schauspieler sich darauf konzentrieren, seine Kraft in einen realistisch wirkenden Ausdruck zu legen. In den Anfangsjahren des Films wurde der Fokus vermehrt auf ein ausladendes und starkes Schauspiel gelegt, welches noch ganz im Zeichen des Theaters stand. Die Filmschauspieler wurden übermäßig geschminkt und agierten sprichwörtlich theatralisch. Diese Art der Verdeutlichung von filmischer Handlung war erforderlich, da die technischen Möglichkeiten sehr begrenzt waren und die Regisseure der Filme ihre eigenen Techniken noch nicht ausgefeilt hatten. Zu diesem Zeitpunkt waren den Regisseuren viele

---

wechselnden Darstellern in der jeweiligen Sprache neu gedreht
9 Spielte u.A. in: «Der Abgrund» (1910) oder «Engelein» (1914)
10 Angeblich stammt das Sprichwort aus einem Werbeslogen (Originalversion: „One look ist worth a thousand words" und wurde 1921 in einer Fachzeitschrift der Werbebranche erstmals gedruckt. Vgl.: http://www2.cs.uregina.ca/~hepting/research/web/words/history.html (23.04.2009)
11 Roberta Pearson unterteilte diese zwei Arten des Schauspiels in *Historic code* und *verisimilar Kode*. Übersetzt nennen sich diese Spielarten „historischer Kode" bzw. „wirklichkeitsgetreuer Kode" in: Pearson, Roberta E.: „Eloquent Gestures. The Transformation of Performans Style in the Griffith Biograph Films", University of California Press, Berkley 1992.

Praktiken der Bildkomposition, wie Montage oder Nahaufnahme, noch fremd. Erst durch den Gebrauch dieser Elemente konnte sich der Film als eigene Kunstform etablieren und sich merklich vom Theater unterscheiden. Der Blick des Zuschauers konnte durch verschiedene Aufnahmewinkel und Einstellungen im Sinne des Regisseurs „gelenkt" werden. Beispielsweise fuhr die Kamera sehr nahe an den Darsteller heran, um besondere Details der Mimik zu verdeutlichen. Diese Mittel machten sich viele Regisseure von Stummfilmen zu nutze. Sie fokussierten etwa die Augen der Darsteller und erhielten dadurch eine größere Ausdruckskraft der Bilder ohne auf theatralisch betonte Ausdrucksformen zurückgreifen zu müssen. Die Qualitäten des stummen Films wurden bereits von den Darstellern erkannt. So soll Charlie Chaplin einst bemerkt haben:

„Ein guter Tonfilm ist schlechter als ein gutes Bühnenstück, doch ein guter Stummfilm ist besser als ein gutes Bühnenstück"

Anhand dieser Aussage lässt sich der Stellenwert eines guten Stummfilms verdeutlichen. Die Regisseure legten viel Wert auf den Ausdruck der Schauspieler. Szene für Szene sollte nicht „gespielt", sondern „gelebt" werden. In diesem Zusammenhang, einige kurze Auszüge aus der von 1910 stammenden Schrift „Anweisungen für Filmschauspieler"[12]:
(...)
3Augen.- Benutzen Sie bei der Arbeit Ihre Augen so oft als möglich. Bedenken Sie, dass sie, wenn richtig eingesetzt, Ihre Gedanken weit deutlicher zum Ausdruck bringen als Gesten und unnatürliche Grimassen. Schauen Sie nicht aus den Augenwinkeln! Sie werden niemals das gewünschte Resultat erzielen, wenn sie diese äußerst schlechte Angewohnheit annehmen.
4
5Briefe schreiben.- Wenn Sie vor der Kamera schreiben, dann bleiben Sie natürlich. Fahren Sie nicht mit schnellen Strichen über das Papier. Damit zerstören Sie den Realismus, den Sie vermitteln sollen. Wenn Sie einen Brief lesen, so zählen Sie im Stillen langsam bis fünf, bevor sie die Wirkung des Briefes auf Sie zum Ausdruck bringen.
6
7Gesten.- Vermeiden Sie unnötige Gesten. Ruhiges Spiel ist viel wertvoller. Eine gut eingesetzte Geste kann viel ausdrücken, doch zu viele Gesten gehen zu lasten des Realismus in Ihrer Arbeit.
(...)

Durch derartige Aufforderungen erscheint klar, an welcher Stelle der Fokus des Mediums lag. Die Kunst des stummen Filmes sollte in den darstellerischen Leistungen verankert werden. Filme, die sich diesen Anforderungen nicht stellen wollten, fielen, wie oben bereits dargestellt, sehr früh Kritikern zum Opfer. Im Zeichen der Kunst galt es dem eigentlichen

---

12 Kinotop, S.29. Zitiert nach: Lahue, Kalton C. (Hg.), Motion Picture Pioneer: The Selig Polyscope Company

„Wesen des Films" gerecht zu werden. Als Medium, das aus der Photographie entstanden war, sollte der Film, und im Zuge dessen, die Regisseure, sich auf die Aussagekraft der Bilder konzentrieren. Deren Inhalt und Ästhetik sollte die eigentliche Sprache des Films bleiben. Denn wie bereits das Wort beschreibt, nimmt der Kinobesucher die Position eines „Zuschauers" ein. Er besucht das Kino, um einen Film zu „sehen". Die heutigen kommerziellen Massenproduktionen sind vollkommen von diesem einstigen Leitweg der Filmkunst abgekommen. Der moderne Film besteht fast vollständig aus Dialogen und wird vom Publikum mehr „gehört" als „gesehen". Wird es im Film einmal stumm und der Zuschauer ist gezwungen sich allein auf das Schauspiel der Darsteller zu konzentrieren, wirkt dieses, im Falle einer nicht hundertprozentigen Leistung der Darsteller, oft peinlich und beschämend.[13] In vielen modernen, zeitweise als „Sprechfilm" oder „talkie" bezeichneten Filmen, drängt sich das gesprochene Wort in den Vordergrund und dominiert den gesamten Film. Die Leistung des Schauspielers wird von Texten „übertönt" und das Wort ist führendes Element. Dieser Punkt war und ist die große Schwäche des Films. Durch die Möglichkeit des Tons und in Folge dessen der Sprache, lag die Versuchung nahe, jegliches schauspielerisches Defizit auszugleichen und die, in der 10er und 20er Jahren des letzten Jahrhunderts zur Perfektion ausgearbeitete, visuelle Kunst der Montagetechniken und Bildkompositionen, geriet in Vergessenheit. Anstelle von der Bereicherung durch Tonelemente wurde die Sprache dominierend und die Filmkunst erfuhr Verlust. Es kam, dass der Stummfilm zum Sprechfilm und der Schauspieler zum Redner wurde. An verschiedenen Stellen lassen sich jedoch gegenläufige Bewegungen feststellen. Einige Regisseure konzentrieren sich erneut auf die Ursprünge des Films und lassen längst verdrängte Stilmittel wieder aufleben. Im später folgenden Filmbeispiel fokussiert sich der Regisseur auf die filmischen Bilder, sowie die visuelle und narrative Kraft derselben. Das gesprochene Wort verschwindet zum größten Teil und die, aus heutiger Sicht, entstandene Lücke wird durch die große Präsenz der Protagonisten gefüllt. Das Wort hat im Filmbeispiel Bin-Jip lediglich einen ergänzenden Charakter zum Visuellen. Aus diesem Grunde möchte ich den Film als „modernen Stummfilm" bezeichnen und diesen Ausdruck im Folgenden kurz definieren.

A.S. Barnes and Co., Brunswick, New York 1973, S. 63f.
13 Als Beispiel wäre die Darbietung Nicole Kidmans in „Eyes wide shut" von Stanley Kubrick, USA 1999 zu nennen. In einer Szene des Films (Kidman ist gemeinsam mit ihrem Filmpartner in deren Schlafzimmer zu sehen und wird ihrem Mann gleich eine Szene machen) versucht die Schauspielerin Gefühl und Ausdruck ihrer Darstellung in den Vordergrund zu setzen. Kidmans Versuch endet jedoch, meiner Meinung nach, beschämend.

2.3 Definition „moderner Stummfilm"

Bin-Jip als „modernen Stummfilm" zu bezeichnen, geschah aus zwei Gründen. Erstens, da der Film zwar zum Teil mit dem Stilmittel des Stummfilms arbeitet, jedoch nicht den Bezug zur Moderne verliert. Zweitens, da es auf den ersten Blick und anhand der Requisiten offensichtlich ist, dass es sich um eine moderne Produktion handelt. Zudem ist der Film nicht durchgehend stumm, da abgesehen von den beiden Hauptdarstellern, hörbar, sprechende Personen vorhanden sind. Ferner sind die Geräusche aus Verkehr oder Umwelt ebenfalls auf der Tonspur vorhanden. Bin-Jip ist demnach kein Stummfilm im eigentlichen Sinne, sondern der Regisseur arbeitet lediglich mit einigen darstellerischen Mitteln der Ära. Kim Ki-duk teilte allein den beiden Hauptcharakteren des Films keine Sprechrolle zu.[14] Ihr Spiel bleibt völlig stumm. Die Definition des „modernen Stummfilms" beruht demnach nicht darauf, dass versucht wird einen Film der 1910er bzw. 1920er Jahre zu imitieren. Sondern, dass ein Film produziert wird, der offensichtlich die Möglichkeiten der Moderne einsetzen könnte, sich jedoch an den künstlerischen Stilmitteln der Stummfilmzeit orientiert und diese im Gegenwartsfilm wiedergibt. Die Stilmittel müssen sich nicht allein auf die Sprache beziehen, sondern der Regisseur hätte in vielen Bereichen die Möglichkeit sich freiwillig einzuschränken. Beispielsweise könnte zur Einschränkung beim Gebrauch von Ton und Sprache ebenso auf die Farbe verzichtet werden oder der Künstler könnte erneut auf Formen von Filmerzählern oder Zwischentiteln zurückgreifen. Die Möglichkeiten auf diesem Gebiet sind enorm.

Bei dem Filmbeispiel Bin-Jip ist der moderne Einsatz eines „alten" Stilmittels gelungen. Der Film spielt, den Requisiten nach zu urteilen, in der heutigen Welt des 21. Jahrhunderts und hat eine zeitgemäße Handlung. Künstlerisch unterscheidet er sich jedoch deutlich vom Mainstream Film, da er sich nicht auf Dialoge fixiert, sondern die Erzählung zum größten Teil auf der Ebene der Darstellung basiert.[15]

---

14 Bis auf zwei Ausnahmen in der Rolle der Hauptdarstellerin.
15 Weitere Beispiele für Filme welche Stilmittel der Stummfilzeit verwenden sind: „Juha" , Regie: Aki Kaurismäki, Finnland 1999 (dessen weitere Werke in ähnlicher Manier gehalten sind). Sowie: „Der die Tollkirsche ausgräbt", Regie: Franka Potente, Deutschland 2006. Oder: „Sidewalk Stories", Regie: Charles Lane, USA 1989.

3 Filmbeispiel: Bin-Jip

In folgendem Teil der Arbeit wird, anhand des Filmbeispiels Bin-Jip, analysiert, wie die Stilmittel des Stummfilms in der heutigen Zeit umgesetzt wurden und welche Auswirkungen sich daraus für den Zuschauer ergeben. Zentraler Punkt wird der Gebrauch von Sprache im Film sein. Es soll herausgearbeitet werden, an welchen Stellen Sprache benötigt wurde und aus welchen Gründen der Regisseur dort nicht ebenfalls auf die verbale Äußerung verzichtete. Des weiteren soll erörtert werden, in welchen Bereichen sich die Ästhetik diese Films von der Ästhetik des konventionellen Mainstream Spielfilms unterscheidet.

Der Film Bin-Jip, von dem aus Südkorea stammenden Regisseur Kim Ki-duk, erschien im Jahr 2004. Er wurde in Süd-Korea produziert und lief 2007 zum ersten mal unter dem Titel „Bin-Jip- Der Schattenmann" im deutschen Fernsehen. Ein häufig genutzter Titel ist ebenso „Bin-Jip- Leere Häuser". Dabei handelt es sich um eine sinngemäße Übersetzung des original Titels. International wird der Filmtitel jedoch mit „3-iron" übersetzt. Diese Übersetzung stammt aus dem Golf Sport und bezieht sich auf einen bestimmten Golfschläger, ein Dreier-Eisen. Der Einsatz dieses Schlägers ist ein durchgängiges Motiv im Film und wahrscheinlich aus diesem Grunde Namens gebend.

3.1 Handlung

Der Protagonist Tae-suk (gespielt von Jae Hee) fährt mit seinem BMW-Motorrad, scheinbar ziellos, durch die Stadt. Er bricht in verschiedene Wohnungen ein, deren Eigentümer vorübergehend verreist sind. Als Indikator benutzt er Werbezettel. Sind sie einige Zeit nach dem Anbringen noch unangetastet, ist er sich sicher, dass keiner der Bewohner zu Hause ist. Dort lässt er sich nieder, isst, schläft und geht wieder, allerdings nicht ohne sich vorher, quasi im Gegenzug für seine Anwesenheit, um die Wohnungspflege der Eigentümer gekümmert zu haben. Tae-suk wäscht deren Kleider, wässert die Pflanzen und repariert allerlei defektes technisches Gerät. Auch stiehlt er nie etwas, sondern verschwindet stets nach einigen Tagen wieder unbemerkt. Eines Tages jedoch bricht er in das Haus des Models Sun-hwa (gespielt von Lee Seung-yun) ein, die mit einem reichen Geschäftsmann verheiratet ist und offenbar von ihm geschlagen wurde. Sun-hwa schließt sich Tae-suk nach einer erneuten Auseinandersetzung mit ihrem Ehemann an und folgt ihm auf seiner Reise durch die Stadt, welche auch weiterhin kein wirkliches Ziel zu haben scheint.

Beide leben in stillem Einverständnis miteinander, aus dem sich innige Zuneigung zu entwickeln scheint. Fortan sind Tae-suk und Sun-hwa gemeinsam in der Stadt unterwegs. Sie dringen zusammen in Häuser und Wohnungen ein, bleiben dort für eine unbestimmte Zeit und verlassen diese dann wieder ohne je etwas zu stehlen oder zu beschädigen. Eines Tages jedoch betreten sie eine Wohnung, in der sie einen toten alten Mann auffinden. Anstatt den Toten zu ignorieren, beerdigen Tae-suk und Sun-hwa ihn in respektvoller Weise. Doch als der Sohn des Toten mit seiner Frau bei der Wohnung erscheinen und die beiden Eindringlinge dort auffinden, rufen sie sofort die Polizei. Tae-suk wird als vermeintlicher Mörder festgenommen, während Sun-hwa als Entführungsopfer behandelt wird. Im Rahmen der Vernehmungen spricht Tae-suk weiterhin kein Wort, was den zuständigen Kommissar zusätzlich in Rage versetzt. Es stellt sich aber schnell heraus, dass der alte Mann nicht ermordet wurde, sondern eines natürlichen Todes starb. Dennoch kommt Tae-suk ins Gefängnis, da die Polizei vermutet er habe Sun-hwa gegen ihren Willen entführt.

Sun-hwa muss zu ihrem Ehemann zurückkehren, während Tae-suk im Gefängnis verweilt. Dort perfektioniert er seine Fähigkeit quasi unsichtbar für andere Personen zu sein, indem er sich allein in deren Schatten bewegt.

Nach seiner Entlassung kehrt Tae-suk zu Sun-hwas Haus zurück. Es entsteht eine Dreiecks-Beziehung, die der Ehemann lediglich erahnt, da Tae-suk auch für ihn „unsichtbar" geworden ist und nur von Sun-hwa gesehen werden kann, die nun in ihrer Liebe zu Tae-suk ihr in sich gekehrtes Leben verlässt und an seiner Seite regelrecht neu erstrahlt.

3.2 Stilistische Mittel und Sprache im Film

Regisseur Kim Ki-duk verzichtete in seinem Film zum größten Teil auf Dialoge. Es gelang ihm dadurch dem Film eine ungeahnte Ausdruckskraft zu verleihen. Durch diese freiwillige Einschränkung wird der Blick des Zuschauers auf die filmischen Bilder fokussiert. Ki-duk lässt in seinem Werk, im wahrsten Sinne der Worte, „die Bilder sprechen". Auch die Musik des Films ist stark zurückgenommen. Zwar dient die Filmmusik auch bei Bin-Jip dazu Gefühle zu unterstreichen und Stimmungen hervorzuheben, jedoch auf eine sehr filigrane Weise. Es finden keine schweren und eindringlichen Töne im Film Verwendung, sondern alles ist zart und leicht gehalten. Die Musik legt sich, einem Schleier ähnelnd, über die verschiedenen Szenen, als sei sie geheimnisvoll und unaufdringlich. Es gibt eine handvoll musikalischer Motive, welche jedoch in weniger als 10 Szenen zum Einsatz kommen, sowie ein arabisches Lied.[16] Ansonsten wurde der Film nicht mit Musik unterlegt und bleibt still. Der arabische Song wird mehrmals im Film von den Darstellern aufgelegt und ist für diese,

---

16 Der Song heißt "Gafsa" und wird von der belgischen Musikerin Natascha Atlas gesungen.

sowie für den Zuschauer gleichermaßen, hörbar. Er trägt zur geheimnisvollen, beinahe unwirklichen Stimmung des Films bei, wie es kaum ein anderer Titel könnte. Durch den arabischen Songtext und die daraufhin vorhandene sprachliche Barriere[17], bleibt vielen Hörern des Titels dessen Aussage bzw. der Inhalt des Textes verwehrt. Das Lied verhält sich aus diesem Grund zum Ohr ähnlich, wie der Film zum Auge. Der einzelne Zuschauer kann es zwar deuten, aber die subjektive Interpretation muss keinesfalls mit den Intentionen des Regisseurs oder der Musikerin übereinstimmen. Ähnlich zu früheren Stummfilmen, tendiert Bin-Jip durch den überwiegenden Verzicht auf Sprache dazu auch international von den Zuschauern verstanden zu werden.[18]

Neben dem sehr klaren Einsatz von Musik, sind auch die gezeigten Bilder klar und strukturiert. Es gibt keine schnellen und verwirrenden Schnitte, sowie krasse Gegensätze in der Farbgebung. Der Film schreitet geradezu majestätisch voran. Dieser Eindruck entsteht zum einen durch die Ästhetik der Bilder, zum anderen durch die schauspielerische Leistung der Hauptdarsteller. Es gibt keine Hektik oder hastigen Bewegungen, das Spiel der Darsteller strahlt etwas ähnlich mystisches aus, wie bereits die Musik. Ihr Spiel ist ruhig, besonnen und voll von Ausdruck. Regisseur Ki-duk arbeitet oftmals mit dem Effekt der Nahaufnahme, um dem Zuschauer auf einzelne Gesichtsausdrücke der Akteure zu fokussieren. Die Blicke der Protagonisten erscheinen aussagekräftiger und glaubwürdiger, als jedes gesprochene Wort. Durch das Ausdrucksstarke, aber nicht unnatürlich wirkende Spiel, heben sich besonders die Hauptdarsteller von den anderen Darstellern ab. Sie wirken gleichzeitig unnahbar, sowie zugänglich, ihr äußeres Erscheinen ist voll von Grazie und ihre Gesichter ohne erkentlichen Makel. Sie erinnern beinahe an vermenschlichte Porzellan Figuren. Fast möchte man meinen Sun-hwa und Tae-suk sein aus einer anderen Sphäre. Aus einem verständlichen Grund liegt es nahe auf der einen Seite von Engeln zu sprechen, während auf der anderen Seite „normale" Menschen agieren[19]. Ihre Abgrenzung zu den weiteren Darstellern des Films äußert sich zudem darin, dass Tae-suk und Sun-hwa völlig wortlos miteinander kommunizieren und scheinbar durch ein inneres Band miteinander verbunden sind, während diese Fähigkeit jeder weiteren Person im Film vorenthalten bleibt. Durch den erzeugten Kontrast zwischen Haupt- und Nebendarstellern, erzielt das den Stummfilmen entnommene Stilmittel eine höhere Wirkung auf den Zuschauer. Regisseur Ki-duk beweist durch diese Kombination, dass Stille

---

17 Welche sowohl in Korea sowie in Deutschland und den USA bei einem Großteil der Zuschauer vorhanden sein wird.
18 Zumindest in einander ähnlichen Kulturbereichen.
19 Der Vergleich stammt aus einem Zitat der Zeitschrift «Tagesspiegel» und findet sich beispielsweise auf der Hülle der deutschen DVD.

erst durch vorhandenen Ton richtig zur Geltung kommen kann. Bin-Jip distanziert sich von jeglicher darstellerischen Übertreibung und ausschweifender Handlung. Der Regisseur führt die Zuschauer ruhig und ohne kitschig zu werden, durch ein Märchen voller Ästhetik und Poesie. Die Stille des Films ist seine Stärke und Sprache. Trotz der Distanz zwischen den Hauptdarstellern und dem Zuschauer, die während der vollständigen Spieldauer bewahrt wird,[20] schafft Ki-duk es, dass der Zuschauer ein Gefühl von Vertrautheit gegenüber den Protagonisten entwickelt. Selten berühren konventionelle Filme das Publikum derart stark.

Dieses Phänomen lässt sich nicht allein auf die Abwesenheit von Sprache zurückführen, wird aber dadurch gesteigert, dass die Darsteller allein auf visueller Ebene „verstanden" werden müssen und sich das Publikum dadurch auf einer völlig anderen und intensiveren Ebene auf die Darsteller einlassen muss.

3.3 Verwendung vom Sprache im Filmbeispiel

Bei der Betrachtung des Films unter dem Aspekt „Sprache" fällt auf, dass offenbar eine Einteilung vorgenommen wurde. Wie bereits erwähnt, nutzt nicht jeder Darsteller im Film die Funktionen von Sprache gleichermaßen. Zu Beginn sticht hervor, dass generell sehr sparsam mit dem gesprochenen Wort umgegangen wird. Während die Nebendarsteller die gesprochene Sprache jedoch im alltäglichen Sinne nutzen, gestattete Regisseur Ki-duk den beiden Protagonisten, bis auf eine Ausnahme von zwei kurzen Sätzen der Hauptdarstellerin am Ende des Films, kein Wort. Sie verbleiben während des gesamten Films stumm und aufgrund dessen für den Zuschauer in einer ungewöhnlichen und abstrakten Position. Dadurch, dass sich die Protagonisten dem Zuschauer nicht in der gewohnten Form über Worte öffnen, sondern ihm lediglich erlauben, durch reines Beobachten an ihrem Leben teil zu haben, ist dieser irritiert und fasziniert zugleich. Kim Ki-duk arbeitet an vielen Punkten mit den bereits beschriebenen Raffinessen der Stummfilm Ära. Die Traditionen von Stumm- und Tonfilm wurden geschickt ineinander verwoben bis ein einheitliches Ganzes entstand. So wird die Sprache etwa von den Nebendarstellern genutzt und dient dazu die filmische Handlung voranzubringen, sowie um Beziehungen zwischen einzelnen Figuren zu erläutern. Aus diesem Grund können zum einen allzu große Verwirrungen über den Verlauf der Geschichte seitens des Zuschauers vermieden werden, zum anderen war die Überlegung hinfällig, ob im Film, Zwecks eines besseren Verständnisses, mit Zwischentiteln oder ähnlichem gearbeitet werden sollte. Durch die Verbindung der Stumm- und Tonfilmelemente, bleibt ein fließender filmischer Ablauf erhalten und die Ästhetik der filmischen Bilder wird nicht durch störende

---

20 Die Zuschauer kennen am Ende nicht einmal deren Namen.

Einblendungen gestört. Bei den Figuren Sun-hwa und Tae-suk stehen die Aspekte der Körpersprache im absoluten Mittelpunkt. Ihr Schauspiel wurde stark an die Zeit des völlig autarken Stummfilms angelehnt ohne auf äußere Erklärungen angewiesen zu sein. Der Zuschauer erfasst ausschließlich durch die perfekte Montage der Bilder, sowie das hervorragende Mienenspiel der Hauptdarsteller deren Emotionen, Gefühle und Stimmungen. Worte werden überflüssig und können niemals das ausdrücken, was die stummen Gesten und Blicke der Hauptakteure beschreiben. Ki-duk ist es in seinem Film gelungen die Stärken des Stummfilmkinos in eine moderne Produktion zu übertragen. Die tonlose Kommunikation von Tae-suk und Sun-hwa überzeugt dadurch, dass sie von den Zuschauern als realistisches Verhalten eingeschätzt wird. Die nonverbale Kommunikation der beiden wirkt nicht erzwungen oder unnatürlich, sondern Tae-suk und Sun-hwa benötigen keiner Worte. Schwierigkeiten, welche durch die vom Regisseur gewählte Selbsteinschränkung auftraten, wurden von Ki-duk geschickt umfahren. Er setzte, ohne jemals gestellt zu wirken, an einzelnen Stellen auf pantomimische Mittel, um die Anliegen der Figuren zu verbildlichen. Beispielsweise kann Sun-hwa Tae-suk nicht durch Worte vermitteln, dass sie es nicht möchte, wenn Tae-suk mit präparierten Golfbällen Abschläge übt. Um ihren Wunsch im Film darzustellen positioniert sie sich deshalb in Tae-Suk Schusslinie und verleiht so ihrem Anliegen Ausdruck. Zwar entspricht diese Geste mehr einer pantomimischen, als einer natürlichen Handlung, im Film ist ihre Wirkung aber dennoch authentisch und wird vom Zuschauer nicht als unrealistisch eingestuft. Sehr interessant ist, dass Ki-duk das stumme Spiel der Protagonistin am Ende des Films aufhebt und Sun-hwa zwei Sätze sprechen ließ. Sun-hwas erster Satz lautet: „Ich liebe dich." Der Satz zeigt die diesen Worten innewohnende Kraft. Nachdem Sun-hwa im gesamten Film stumm blieb, spricht sie final die Worte aus, welche wahrscheinlich zu den bedeutungsvollsten des zwischenmenschlichen Lebens gehören. Es wirkt fast lächerlich, dass Ki-duk ihr genau diese Worte zuteilte, da im Film keine weitere Aussage so deutlich verstanden wurde, wie die Liebe zwischen Sun-hwa und Tae-suk. Und doch ist die Wendung des Films bezeichnend, denn reden in der Welt die einen Menschen zu viel, aber ohne den genannten Satz aussprechen zu können, so sagen die Anderen jene Worte zu oft, bis sie jegliche Bedeutung verlieren. In Bin-Jip sind die Worte „Ich liebe dich" jedoch die einzigen, welchen der Wert zukommt ausgesprochen zu werden. Durch das vorangehende Schweigen Sun-hwas wird der Gehalt und die Bedeutung ihrer Worte enorm gesteigert, im Gegenzug zeigt sich, wie überflüssig das Gerede der Menschen oft sein kann. Ihr zweiter Satz lautet: „Das Frühstück ist fertig." Im Kontext des Films wird sie an dieser Stelle für den Zuschauer „vermenschlicht". Sie verlässt ihre verschlossene mystische Position und tritt zurück in die Trivialität der Welt. Um diese Wandlung zu unterstreichen und zu zeigen, dass sie sich fortan nicht mehr von den Nebendarstellern des Films unterscheidet, spricht sie einen Satz welcher alltäglicher und trivialer kaum sein könnte.

4 Fazit

Ziel der Arbeit war es herauszufinden, welchen Einfluss der Gebrauch von Sprache auf einen Film, sowie dessen Zuschauer hat. Ferner sollte die filmästhetische Wirkung von Dialogen untersucht werden. Es zeigte sich, dass in Tonfilmen im allgemeinen das Wort dem Publikum die Handlung erläutert. Im Stummfilm hingegen orientieren sich die Zuschauer an den filmischen Bildern und deuten anhand dieser den Verlauf der Erzählung. Das Filmbeispiel Bin-Jip legt das Augenmerk auf den Ausdruck der Bilder ohne jedoch den Ton völlig aufzugeben. Für meine Begriffe ist es Regisseur Ki-duk hervorragend gelungen ein oftmals als veraltet betrachtetes Genre, wie den Stummfilm, mit dem modernen Film zu vereinen. Diese Verbindung verdeutlicht zum einen, die häufige Trivialität von Worten, bringt jedoch im Gegenzug die Handlung einer Erzählung in der vom Zuschauer gewohnten Manier voran. Im Zuge dieser Vorgehensweise, entsteht im Filmbeispiel gewissermaßen eine Gegenüberstellung von Wort und Geste. Das Wort wird auf eine rein narrative Funktion reduziert. Die Geste entspricht der Sprache der beiden Hauptakteure. Deren Spiel, sowie die Bildkompositionen des Regisseurs, wenden den Blick des Zuschauers auf das Bild als eigentliches Wesen des Films, dessen Überzeugungskraft darin liegt, dass sowohl die Montage der Bilder, in „alter Perfektion" angewandt, sowie die visuelle Komponente, nicht vom Dialog „übertönt" wurde. Die übergeordnete Stellung des Bildes tritt somit deutlich hervor. Am stärksten hervorgehoben werden die Stilmittel des Stummfilms jedoch, indem ein potenziell vorhandener Ton die Stille erst richtig zur Geltung bringen kann, denn nur durch diesen Gegensatz rückt das stumme Spiel der Darsteller in den Vordergrund. Ein leises Seufzen, Schluchzen oder Lachen wird in der ansonsten herrschenden Stille des Films viel stärker wahrgenommen und unterstreicht zusätzlich die Aussage des mimischen Spiels. In diesem Sinne macht Ton die Stille erst möglich. Béla Balázs bezeichnete derartige Formen des Ausdrucks als unterschwellige „Tongesten"[21], welche aber, durch das in Tonfilmen oftmals vorherrschende Wort, schlechterdings lediglich unbewusst vom Zuschauer wahrgenommen werden.

Ferner stellte die Analyse heraus, dass sich aufgrund der Stille ebenfalls die Ästhetik der Bilder entfalten kann. Ich möchte behaupten, die Zuschauer sind durch die Stille bzw. die fehlenden Dialoge des Films erst wieder in der Lage die volle Aussagekraft der Bilder wahrzunehmen. Die, durch unterschiedliche Kameraeinstellungen und Montagetechniken entstandenen Bilder, können ihre Ästhetik offenbaren, da die Zuschauer nicht von ihren anderen Sinnen „abgelenkt" werden. Vergleichbar wäre dies mit der Präsentation Bildender Kunst im allgemeinen, denn jene wird ebenfalls nicht in Lärm erfüllten Räumen ausgestellt, sondern zumeist in ruhiger Umgebung, um die Kunstwerke in angemessener Weise auf den Betrachter wirken zu lassen.

Auf der Ebene der Darstellung erinnert das Spiel der Protagonisten sehr an das Spiel vergangener Stummfilmgrößen, wobei ich bereits zwischen zwei Arten der Schauspielkunst differenzierte. Die Erste, mehr an das Theater angelehnte Variante, welche sich durch große und ausladende Gesten exemplifiziert, die Zweite, bei welcher die Gestik und Mimik der Akteure zwar aussagekräftig ist, jedoch zudem natürlich wirken soll. In Bin-Jip wurde vom Regisseur die letztere Variante für das Spiel der Hauptdarsteller gewählt. Alle weiteren Darsteller spielen ihre Rollen im konventionellen Sinne. In dieser Kombination verbirgt sich ein Bindeglied zwischen dem ursprünglichen Stummfilm und der modernen Version. Es besteht zwar, während des gesamten Films, die Möglichkeit, dass die Hauptdarsteller sprechen[22], es wird aber von den Hauptakteuren bis auf weiteres nicht getan. Gleichzeitig befinden sich die Zuschauer, allein durch die potenzielle Möglichkeit verbaler Kommunikation, sowie aufgrund der Dialoge der Nebendarsteller, in einer Art Erwartungshaltung. Durch diesen Effekt bleibt der einzelne Zuschauer erwartungsvoll und konzentriert bei der Handlung des Films. Am Ende steht jedoch die überraschende und faszinierende Feststellung, dass die filmische Erzählung beinahe ausschließlich anhand von stummen Bildern ausgedrückt werden kann. Gleichzeitig wirken die Akteure des Films niemals unnatürlich oder gestellt, da der Verzicht auf die Dialoge nicht von technischer Seite erzwungen, sondern als freiwillige Einschränkung gewählt wurde. Diese Verknüpfung von Stilmitteln des Stummfilms und den Möglichkeiten der heutigen Technik, erwecken das verdrängte Genre erneut zum Leben. Zwar stehen Produktionen, wie Bin-Jip, außerhalb ökonomischer Maßstäbe, da der Tonfilm durch die Möglichkeit von komplexen Handlungsverläufen auf verständlicher Basis kommerziell attraktiver ist, als der Stummfilm. Parallel jedoch entfernte sich der Film, aufgrund solch kommerzieller „Allgemeintauglichkeit", weit vom Weg der ursprünglichen Filmkunst. Im Verlauf der Filmgeschichte fiel das Vermögen, einem Film Ausdruck zu verleihen ohne auf Sprache

---

21 Balzás, Béla.: Der Film. Werden und Wesen einer neuen Kunst. Wien 1961, S.236.
22 Bzw. von Ton im allgemeinen.

zurückzugreifen, der Bequemlichkeit gesprochener Worte zum Opfer. In moderneren Auslegungen von Filmkunst ist es durchaus möglich die neu eingeschlagenen Wege des Films zu honorieren, jedoch verweisen Regisseure, wie Ki-duk, in ihren Werken eindrucksvoll auf das ursprüngliche Wesen und die Kunst eines Films. Die filmischen Bilder werden nicht der Sprache unterworfen und Ton steht allenfalls als Geleit. Der so entstandene Film erhält eine völlig neue Ästhetik. Eine Ästhetik, welche sich auf die Bilder, die Bildmontage und die schauspielerische Leistung bezieht. Der Blick des Zuschauers ist entfernt von allem „überflüssigen", wie Spezialeffekten, um auf die Kraft der Bilder fokussiert zu werden. Wie zu sehen war, kann Ton zwar wesentlich zur Ästhetik eines Films beitragen, jedoch weniger durch zum Ausdruck gebrachte Sprache, sondern durch begleitende Musik und Geräusche. Musik als wichtige Gefühlskomponente, welche die Aussage der Bilder unterstreicht. Geräusche aufgrund des durch sie erzeugten Realismus, da ein völlig stiller Film, in welchem selbst ein Glas lautlos zerbricht, ebenfalls befremdlich und unnatürlich wirkt. Kim Ki-duk hat in seinem Werk die Stilmittel des Stummfilms durch Kombination mit moderner Technik in neuer Form verwirklicht. Es entstand ein beeindruckender und viel gelobter Film, welcher dem Zuschauer vor Augen führt, dass selbst im 21. Jahrhundert Elemente des Stummfilms zeitgerecht und überzeugend wirken können. Die weitläufige Meinung, der Stummfilm sei dem Tonfilm unterlegen und wurde zu Recht von diesem verdrängt, scheint deshalb nicht in allen Punkten gerechtfertigt. Denn wenn auch der Tonfilm den Fortschritt repräsentiert und vielseitiger einsetzbar ist als der Stummfilm, hat Letzterer doch Stärken, welche womöglich gerade in der heutigen, lauten und schnelllebigen Zeit, in Werken, wie Bin-Jip, zur Geltung kommen können.

Quellenverzeichnis

Baláz, Béla: Der Film. Werden und Wesen einer neuen Kunst. Wien 1961.

Beier/Kopka/Michatsch/(u.A.): Die Chronik des Films. Gütersloh/München 1994.

Engell/Fahle (Hrsg.): Bilder aus dem Off. Zum philosophischen Stand der Kinotheorie. Serie moderner Film Band 4. Weimar 2005.

Goetsch/Scheunemann (Hrsg.): Text und Ton im Film. Tübingen 1997.

Kessler/Lenk/Loiperdinger (Hrsg.): Stummes Spiel, Sprechende Gesten. KINtop Nr. 7. Basel/Frankfurt am Main 1998.

Lewinsky, Mariann: Eine verrückte Seite. Stummfilm und filmische Avantgarde in Japan. Aarau/Zürich 1997.

Liebsch, Dimitrie (Hrsg.): Philosophie des Films. Grundlagentexte. Paderborn 2005.

Tudor, Andrew: Film-Theorien.Frankffurt am Main 1977.

Wahl, Chris: Das Sprechen des Spielfilms. Über die Auswirkungen von hörbaren Dialogen auf Produktion und Rezeption, Ähstetik und Internationalität der siebten Kunst. Trier 2005.

Weitere Quellen

http://www.35millimeter.de
http://www.artechock.de/film/text/kritik/j/juha.htm
http://www.cinegraph.de/index.html

Filmbeispiel

„Bin-Jip- Leere Häuser", Regie: Kim Ki-duk, DVD Video, Pandora Film GmbH & Co 2007.